陈磊 编著

玩一點鑒藏

看看扇面古人
生活咋样

黑龙江美术出版社

图书在版编目（CIP）数据

玩一点鉴藏：看看扇面古人生活咋样 / 陈磊编著 . —
哈尔滨：黑龙江美术出版社，2021.3

ISBN 978-7-5593-5627-7

Ⅰ. ①玩… Ⅱ. ①陈… Ⅲ. ①扇—中国画—人物画—
鉴赏②扇—中国画—人物画—收藏 Ⅳ. ① G262.1

中国版本图书馆 CIP 数据核字 (2021) 第 027529 号

WAN YI DIAN JIANCANG KANKAN SHANMIAN GUREN SHENGHUO ZAYANG
玩一点鉴藏 看看扇面古人生活咋样

出 品 人 / 于 丹
编 　 著 / 陈 磊
责任编辑 / 颜云飞 　 张泽群
封面设计 / 邢海燕
内页设计 / 邢海燕
出版发行 / 黑龙江美术出版社
地 　 址 / 哈尔滨市道里区安定街 225 号
邮政编码 / 150016
发行电话 / （0451）84270524
经 　 销 / 全国新华书店
印 　 刷 / 河北盛世彩捷印刷有限公司
开 　 本 / 889mm×1194mm 　 1/16
印 　 张 / 7.25
版 　 次 / 2021 年 3 月第 1 版
印 　 次 / 2021 年 3 月第 1 次印刷
书 　 号 / ISBN 978-7-5593-5627-7
定 　 价 / 68.00 元

前言

我退休后，热衷于收藏、学习和研究古今中国书画。我收藏的扇面画里，有花鸟、山水和人物画。看这三类扇面画，让我愈发对人物画产生了浓厚的兴趣，觉得人物画画的是人的活动，画家在画上再题上诗词，有诗有画，如此能够看明白一幅画的意思。我有一百余幅人物扇面画，因为经常看，看多了，有一天，做梦时梦到：何不出本书，看看扇面画里的古人生活咋样？这样，也许能够减轻现代生活给自己带来的压力吧！

复兴中国画，画好人物画是关键。徐悲鸿在分析了国画三大类的现状排名后认为：第一是花鸟画，于世界也是独一无二的；第二是山水画，但从明末以后逐步落到八股的地步；第三是人物画，他指出："在此方面，检讨吾人目前艺术之现状，真是惨不可言，无颜见人！并无颜面见祖先！……乃在画面上不见人之活动是也。"并强调说："吾人努力之目的，第一以人为主体，尽量以人的活动为题材，而不分新旧……"徐悲鸿在这里虽然主要指的是山水画里没有人物活动的问题，但也指出了人物画把人画得像侏儒的问题，比如，很多人学陈老莲画"钉头鼠尾"的人，这样的人物造型并不符合求实写真的要求，要逐步改进提高。

怎样画好人物画？一是人体造型要准确。徐悲鸿指出："吾所期于人之活动者，乃欲见第一、第二肌肉活动及筋与骨之活动。"这里强调的就是画人物、人体的结构体型要画得准确，想做到这点，就要把人体的写生和素描作为基本功，天天练。二是要经常注意观察周围人的活动，看看他们在做什么事情，做这些事情时身体的姿态、脸色的神情是怎么样变化的，把这些记在脑子里，画在画卷上。三是向画人物的高手学习，从描摹他们的精品入手，而后努力学习高手画人物的技巧，通过反复学习实践，终究能够出类拔萃。

近现代以来，按照现代美术奠基人徐悲鸿复兴国画的要求，在传承和创新国画的实践过程中，涌现出了许多画人物画的高手，如王素、费丹旭、任熊、任颐、钱慧安、郑文焯、倪田、徐操、陈少梅、刘奎龄、黄胄、程十发等。

我编著这本书，就是想与喜欢人物画的朋友互相交流、一起学习和研究，在鉴赏中国书画的过程中有所进步和提高，如此而已。

陈磊同志从军队转业到地方后，一直在广东省对外经济贸易委员会（以下简称外经贸委）系统工作，先是在省外贸局机关党总支做党务工作，外贸局和外经委合并为外经贸委后在机关党委做宣传工作，后因工作需要去了广东外运。他给我留下的工作印象是：在机关，善于发现先进单位，总结经验，用先进典型推动面上工作，把宣传工作做得有声有色；在基层，善于协同公司总经理抓好干部队伍建设工作，发挥党委在"两个文明"建设中的政治核心作用，在大家的共同努力下，广东外运多次被评为先进单位。

陈磊同志有很多兴趣爱好。他是跳舞高手，在省、市级国际标准舞比赛中，多次夺得中老年组别的冠军；他也是玩收藏的老手，能编写《玩一点鉴藏：看看扇面古人生活咋样》这本书，可见他在收藏方面也取得了好成绩。这本书与很多关于中国书画收藏的书不同。首先，他以自己的藏品为素材，与藏友交流沟通，形成自己独特的见解；其次，他努力学习中国书画知识武装自己，通过反复的学习、思考、比较和分析，提高了自己的鉴赏能力；再次，他把书画鉴赏活动当作自己老有所为、老有所乐，继续发挥余热的实际行动，这样做既有利于自己的身心健康，又有益于丰富晚年的文化生活。

祝贺《玩一点鉴藏：看看扇面古人生活咋样》这本书的顺利出版，希望陈磊同志继续努力，在收藏活动中有更多的收获。

徐德志
2014年1月

作者在齐白石纪念馆前留影

目　录

一、精神生活多样

古人相信神仙佛道，认为他们会给自己带来好处，所以自古以来流传下来许多关于神仙佛道的故事。

比如在我收藏的人物扇画里，就有"天女散花福满人间""和合二仙家庭和睦""神龙显灵造福人间""道士炼丹长寿不老""五子戏弥勒大度能容""佛寿无量佛法无边""用佛法道规治国理政天下太平"等题材。

图一《天女散花》

黄均（1914—2001）作于1964年（甲辰）。

诗情画意：天女散花，福满人间。

款识："天女散花。甲辰之秋桂月上旬黄均画"。

钤印："黄均"。

图二《和合二仙》

黄山寿（1855—1919）作于1883年（癸未）。

诗情画意：和合二仙，和气生财。

款识："和合二仙。癸未二月上浣武进黄山寿"。

钤印："黄山寿印"。

图三《合和二仙》

陈崇光（1839—1896）作于1885年（乙酉）。

诗情画意：合和二仙，合作愉快。

款识："合和二仙。乙酉之冬嘉平若木陈崇光画"。

钤印："若木"。

图四《神龙显灵》

徐操（1898—1961）作于1951年（辛卯）。

诗情画意：神龙佑安，风调雨顺。

款识："辛卯夏四月既望燕孙徐操写"。

钤印："燕孙"。

图五《炼丹》

苏六朋（1812—1874）作于1847年（丁未）。

诗情画意：道士炼丹，长生不老。

款识："道光丁未秋八月下浣枕琴六朋写"。

钤印："枕琴"。

图六《五子戏弥勒》

刘奎龄（1885—1967）作画，陈年（1876—1970）题诗于1950年（庚寅）。

诗情画意：身穿一领百衲衣，汝何所食痴而肥。赤足踏遍大千界，扪腹算踞小忘机。

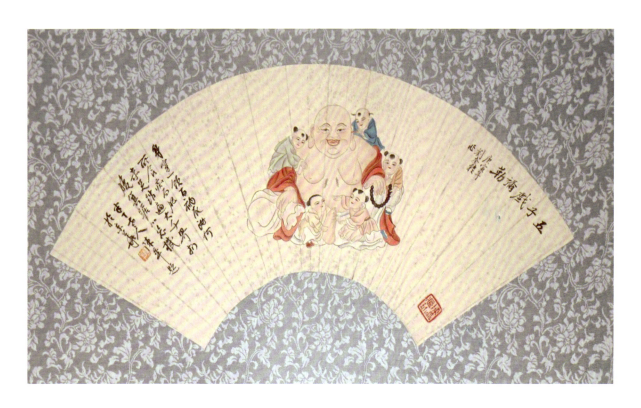

款识："五子戏弥勒。庚寅年刘奎龄作"。

钤印："奎龄"。

图七《蛇仙》

刘奎龄（1885—1967）作于1950年（庚寅）。

诗情画意：蛇仙施法，山河巨变。

款识："庚寅立秋后二日。耀辰刘奎龄作于京华"。

钤印："奎龄"。

图八《文武双曲星》

樊浩霖（1885—1962）作于1947年（丁亥）。

诗情画意：文武双曲星下凡，英雄辈出人世间。

款识："文武双曲星。丁亥之冬嘉平上浣少云樊浩霖画"。

钤印："少云"。

图九《无量寿佛》

钱化佛（1884—1964）作于1947年（丁亥）。

诗情画意：无量寿佛，寿法无边。

款识："无量寿佛。丁亥年元月上旬沐手敬绘。化佛"。

钤印："钱化佛"。

图十《溪山论道》

苏六朋（1812—1874）作于1853年（癸丑）。

诗情画意：论道说法，治国理政。

款识："溪山论道。癸丑六月既望南水村老苏六朋画"。

钤印："枕琴"。

二、生产自给自足

我国古代以及近代初期的社会，以农业、手工业生产为主，并有了一些简单的交易行为。古人的生活所需，通过自己的劳动基本能够自给自足。在我收藏的人物扇画里，古人的生产活动，有耕田、织布、捕鱼、采莲、调马、洗马、洗衣、牧牛、酿酒等，我们从这些扇画里能看到古人生产生活的状态。

图十一《春耕》

樊浩霖（1885—1962）作于1952年（壬辰）。

诗情画意：小桥流水人家，扛犁赶牛耕田。牛肥人壮田绿，生活幸福美满。

款识："壬辰年春二月。少云樊浩霖写于稼雨轩南窗"。

钤印："少云轩"。

图十二《抓鱼虾》

吴野洲（1904—1996）作于1955年（乙未）。

诗情画意：杨柳青青抓鱼虾，你捕他钓我在抓。欢声笑语停不住，鱼虾丰收乐开花。

款识："乙未年秋九月。松陵吴野洲作于海上友竹小轩"。

钤印："吴野洲"。

图十三《采莲》

冯超然（1882—1954）作于1935年（乙亥）。

诗情画意：姐妹摇船荷塘间，秋风绿叶喜采莲。荷花待谢闲不住，惠风和畅吹妙颜。

款识："采莲图。乙亥之夏荷月朔口晋陵冯超然画"。

钤印："冯超然"。

图十四《春郊洗马》

马骀（1885—1935）作于1926年（丙寅）。

诗情画意：春意盎然在云山，马倌洗马池塘边。春去秋来寿而康，志在千里舞九天。

款识："春郊洗马图。丙寅夏五月上浣企周马骀"。

钤印："马骀"。

图十五《酿酒》

吴观岱（1862—1929）作于1919年（己未）。

诗情画意：青峰互合若为群，中有高人卧白云。飒飒松风从涧出，萧萧竹色过桥分。闲来欲觅知音伴，睡起还探颂酒人。一段清幽离尘俗，不禁禁欲酒一杯。

款识："青峰互合若为群，中有高人卧白云。飒飒松风从涧出，萧萧竹色过桥分。闲来欲觅知音伴，睡起还探颂酒人。一段清幽离尘俗，不禁禁欲酒一杯。己未春吴观岱"。

钤印："吴观岱"。

图十六《牵牛》

钱慧安（1833—1911）作于1893年（癸巳）。

诗情画意：锦机停织动经秋，恨逐银河一水流。人世底须争巧拙，乞来何不妮牵牛。

款识："锦机停织动经秋，恨逐银河一水流。人世底须争巧拙，乞来何不妮牵牛。癸巳新夏四月仿白阳山人本。清溪樵子钱慧安"。

钤印："钱"。

图十七《毋息半途》

苏六朋（1812—1874）作于1852年（壬子）。

诗情画意：曾经沧海，逍遥天地之间。毋息半途，不移青云之志。

款识："壬子初春元月既望南水村老苏六朋画"。

钤印："枕琴"。

三、儿童天真快乐

古人将生活的希望寄托在儿童身上。儿童的生活是快乐有趣的，他们在玩耍中慢慢长大。他们玩骑马、放炮、打架、捉迷藏，跟着大人学祝寿等，看看这些扇画里玩耍的儿童，我便回忆起了自己儿时的欢乐情景。

图十八《骑马游戏》

沙馥（1831—1906）作于1897年（丁酉）。

诗情画意：谁收春色将归去，等问拣望走空园。

款识："谁收春色将归去，等问拣望走空园。丁酉夏四月上浣山春沙馥"。

钤印："沙馥"。

图十九《望子成龙》

沙馥（1831—1906）作于1876年（丙子）。

诗情画意：忆往昔峥嵘岁月稠，回头看自古英雄出少年。

款识："丙子年仲春古吴山春沙馥作于松蕉轩"。

钤印："沙馥"。

图二十《子孙万代福》

沙馥（1831—1906）作于1902年（壬寅）。

诗情画意：子孙万代，禄福双全。

款识："子孙万代福。壬寅之冬十二月上浣古吴山春沙馥"。

钤印："沙馥"。

图二十一《梅开五福》

沙馥（1831—1906）作于1878年（戊寅）。

诗情画意：梅开五福，长宜子孙。

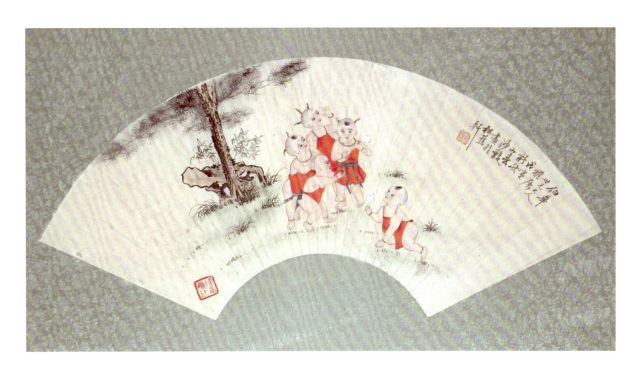

款识："伯华世兄大人雅属戊寅新秋山春沙馥画于松蕉轩"。

钤印："沙馥之印"。

图二十二《童趣》

沙馥（1831—1906）作于1880年（庚辰）。

诗情画意：平淡天真，春色满园。

款识："童趣图。庚辰之夏六月既望古吴山春沙馥写于松蕉轩"。

钤印："沙馥之印"。

图二十三《秋庭婴戏》

沙馥（1831—1906）作于1874年（甲戌）。

诗情画意：秋林雨露，且陶乐取天真。

款识："秋庭婴戏图。甲戌年冬月古吴山春沙馥于松蕉轩"。

钤印："沙馥之印"。

图二十四《婴戏》

吴光宇（1908—1970）作于1951年（辛卯）。

诗情画意：爆竹一响，声震山河。

款识："婴戏图。辛卯初春山阴吴光宇"。

钤印："吴光宇"。

图二十五《读书》

吴光宇（1908—1970）作于1957年（丁酉）。

诗情画意：岂为功名始读书，读书百遍义自见。

款识："读书图。丁酉十月山阴光宇吴显曾"。

钤印："吴光宇"。

图二十六《捉柳花》

黄均（1914—2001）作于1966年（丙午）。

诗情画意：梅子留酸溅齿牙，芭蕉分绿上窗纱。日长睡起无情思，闲看儿童捉柳花。

款识："梅子留酸溅齿牙，芭蕉分绿上窗纱。日长睡起无情思，闲看儿童捉柳花。丙午之春二月黄均"。

钤印："黄均"。

图二十七《献寿》

陈少梅（1909—1954）作于1939年（己卯）。

诗情画意：人善寿长，厚德载物。

款识："献寿图。己卯春三月上浣少梅陈云彰"。

钤印："少梅"。

图二十八《六子拽弥勒》

刘奎龄（1885—1967）作。

诗情画意：豁达大度，百事可乐。

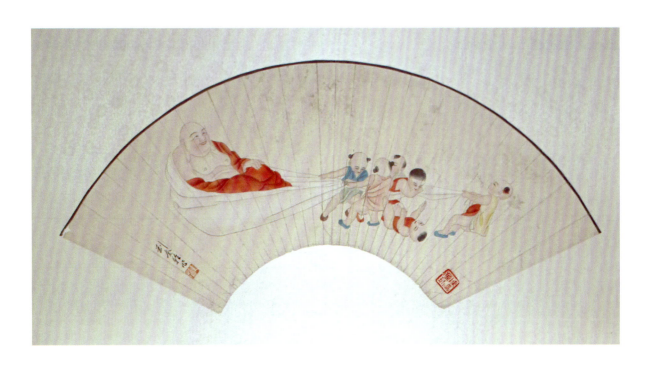

款识："刘奎龄作"。

钤印："奎龄"。

图二十九《婴戏》

胡锡珪（1839—1883）作。

诗情画意：妆罢红锦玉镜台，花前含笑戏婴孩。分明五采丹山凤，飞入春风掌上来。

款识："妆罢红锦玉镜台，花前含笑戏婴孩。分明五采丹山凤，飞入春风掌上来。红首馆主三桥胡锡珪"。

钤印："胡锡珪"。

四、街市自由热闹

古时的街市有点像现在的乡镇集市，人们从家里拿东西上街去买卖，在往返集市时，经常能遇到一些有意思的事情。

走进街市，只见重阳敬老、街头学艺、清明问路、携琴访友、松下品茗、桥头赏柳、鉴赏古董、老妇卖花，等等。

图三十《卖花》

邓芬（1894—1964）作于1945年（乙酉）。

诗情画意：老妇担花上街卖，孩儿遇见好喜爱。青石换花意如何，我要青钱把饭开。

款识："担花图。乙酉荷月上旬邓芬写"。

钤印："邓芬"。

图三十一《敬老》

马骀（1885—1935）作于1922年（壬戌）。

诗情画意：有官重阳走街市，遇见长老走过来。官人作揖表尊敬，敬老传统礼应该。

款识："壬戌年重阳后二日邛池渔父马骀作于沪上玫德堂"。

钤印："马骀"。

图三十二《蕉阴赏古》

沈心海（1855—1941）作于1933年（癸酉）。

诗情画意：夏鼎商彝岂复存，龙津剑化亦无痕。由来真伪多相杂，博古谁堪细讨论。

款识："蕉阴赏古图。癸酉十月心海沈兆涵画于寄鹤轩"。

钤印："沈兆涵"。

图三十三《松荫品茗》

沈子丞（1904—1996）作于1978年（戊午）。

诗情画意：松荫品茗，清时有味。

款识："松荫品茗。戊午立秋沈子丞于东高"。

钤印："沈子丞"。

图三十四《桥头赏柳》

倪田（1853—1919）作于1903年（癸卯）。

诗情画意：闺密赏柳，河清石寿。春色满园，养生而游。

款识："时在癸卯夏四月上浣邗上倪田墨耕写于海上"。

钤印："墨耕"。

图三十五《携琴访友》

华嵒（1682—1756）作于1752年（壬申）。

诗情画意：携琴访友，路过山头。树石跟前，暂作停留。

款识："壬申夏五月上浣新罗山人华嵒"。

钤印："华嵒"。

图三十六《借坐松石》

王素（1794—1877）作于1846年（丙午）。

诗情画意：秋叶点易红，溪云朵且白。客从何处来，坐我松上石。

款识："秋叶点易红，溪云朵且白。客从何处来，坐我松上石。丙午夏小某王素于邗上"。

钤印："王素"。

图三十七《问客》

吴华源（1893—1972）作于1963年（癸卯）。

诗情画意：儿童相见不相识，笑问客从何处来。

款识："儿童相见不相识，笑问客从何处来。癸卯六月初子深吴华源"。

钤印："吴华源"。

图三十八《松山访友》

溥儒（1896—1963）作于1947年（丁亥）。

诗情画意：高山流水松下，书家画童访友。平生知己同学，取长补短交流。

款识："松山访友。丁亥年十月初心畬作于京华"。

钤印："心畬"。

图三十九《唐杜牧诗意》

溥佺（1913—1991）作。

诗情画意：清明时节雨纷纷，路上行人欲断魂。借问酒家何处有，牧童遥指杏花邨（村）。

款识："清明时节雨纷纷，路上行人欲断魂。借问酒家何处有，牧童遥指杏花邨（村）。松窗居士溥佺"。

钤印："心畬"。

图四十《唐杜牧诗意》

吴观岱（1862—1929）作于1921年（辛酉）。

诗情画意：清明时节雨纷纷，路上行人欲断魂。借问酒家何处有，牧童遥指杏花邨（村）。

款识："牧童遥指杏花邨（村）。辛酉岁清和月写于沪上。吴观岱"。

钤印："吴观岱"。

五、文娱丰富多彩

古人在追求物质生活的同时，也追求文化娱乐生活。

他们抚琴，吹箫，下棋，看书，画画，踢球，踢毽，放筝，观舞，鉴赏书画等。

图四十一《桐荫抚琴》

顾洛（1763—1837）作于1817年（丁丑）。

诗情画意：日照梧桐景，桐荫喜抚琴。碧云黄花地，琴声飘满村。

款识："桐荫抚琴。丁丑夏五月西某居士顾洛"。

钤印："西某"。

图四十二《南宋朱熹诗意》

郑集宾（1890—1965）作于1951年（辛卯）。

诗情画意：山雄云气深，树老风霜劲。下有考槃人，超摇得真性。

款识："山雄云气深，树老风霜劲。下有考槃人，超摇得真性。辛卯秋抄郑集宾画"。

钤印："集宾颐寿"。

图四十三《放筝》

冯超然（1882—1954）作于1932年（壬申）。

诗情画意：落花满地无人惜，美人玉袖拍箜篌。（注：箜篌是古代一种乐器）

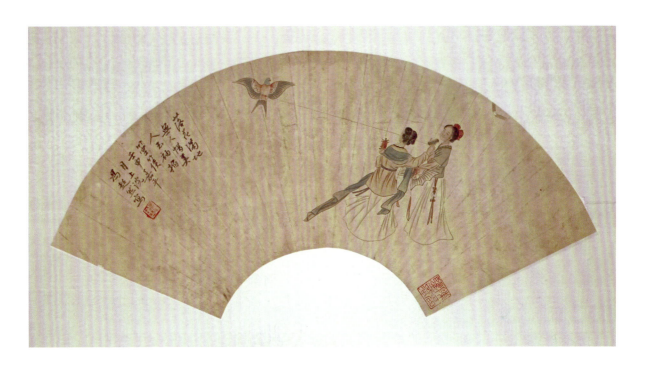

款识："落花满地无人惜，美人玉袖拍箜篌。壬申嘉平月上浣冯超然写"。

钤印："冯超然"。

图四十四《踢毽》

改琦（1773—1828）作于1823年（癸未）。

诗情画意：粉融香雪透轻纱，晚来妆面胜荷花。

款识："粉融香雪透轻纱，晚来妆面胜荷花。癸未夏四月玉壶山人改琦"。

钤印："七芗"。

图四十五《踢球》

刘凌沧（1908—1989）作于1964年（甲辰）。

诗情画意：雪消闲步庭院，逍遥天地之间。英雄所见略同，踢球如同作战。

款识："拟唐人粉木。甲辰岁元月刘凌沧于北京寓斋"。

钤印："刘凌沧"。

图四十六《同窗读书》

郑文焯（1856—1918）作于1892年（壬辰）。

诗情画意：红袖添香夜读书，红烛呼卢宵不寐。

款识："红袖添香夜读书。壬辰年秋郑文焯"。

钤印："郑文焯"。

图四十七《吹箫》

陈少梅（1909—1954）作于1946年（丙戌）。

诗情画意：芙蓉小伎红楼曲，杨柳春风紫玉箫。

款识："芙蓉小伎红楼曲，杨柳春风紫玉箫。丙戌年夏六月上浣陈少梅写"。

钤印："少梅"。

图四十八《〈琵琶行〉诗意》

韩敏（1929—　　　）作于2004年（甲申）。

诗情画意：美人娟娟隔春水，春色满园弹琵琶。

款识："甲申春月写白居易琵琶行诗意。韩敏"。

钤印："韩敏"。

图四十九《赏画》

殷锡梁（1909—1984）作。

诗情画意：当初下手风雨快，举所未至气已吞。

款识："当初下手风雨快，举所未至气已吞。梓湘殷锡梁"。

钤印："梓湘"。

图五十《绘画》

费丹旭（1801—1850）作于1844年（甲辰）。

诗情画意：香闺不爱千红紫，只写青松与绿筠。

款识："香闺不爱千红紫，只写青松与绿筠。甲辰夏晓楼费丹旭"。

钤印："费丹旭"。

图五十一《蕉荫对弈》

费丹旭（1801—1850）作于1844年（甲辰）。

诗情画意：蕉荫对弈得天趣，春色满园停不住。

款识："蕉荫对奕（弈）图。甲辰年春月晓楼费丹旭"。

钤印："费丹旭"。

图五十二《歌舞升华》

费丹旭（1801—1850）作于1843年（癸卯）。

诗情画意：舞袖随风翻神浪，歌尘随燕下雕梁。

款识："舞袖随风翻神浪，歌尘随燕下雕梁。癸卯夏五月上浣晓楼费凡旭"。

钤印："费丹旭印"。

六、高士逍遥自在

古人不太在乎自己的年龄，活一天算一天，一早起来感觉自己还活着，就开始新一天的生活了。

高士都是文化人，有怀才不遇者，有告老还乡者，有不满朝廷腐败无能辞官隐居者。他们悠然自得，逍遥在天地之间。

图五十三《竹林高士》

吴光宇（1908—1970）作于1952年（壬辰）。

诗情画意：披云卧石，淡泊明志。

款识："竹林高士。壬辰年清和月吴光宇作"。

钤印："吴光宇"。

图五十四《新孙》

王素（1794—1877）作于1846年（丙午）。

诗情画意：一笑白鸥前，春波动新孙。

款识："一笑白鸥前，春波动新孙。丙午秋月邗上小某王素作"。

钤印："小某"。

图五十五《教养》

王素（1794—1877）作。

诗情画意：落日杖藜溪上行，溪流千里带松静。辋川诗无人领意，坐对南山云气生。

款识："落日杖藜溪上行，溪流千里带松静。辋川诗无人领意，坐对南山云气生。邗上小某王素作"。

钤印："小某"。

图五十六《名山奏琴》

钱慧安（1833—1911）作于1895年（乙未）。

诗情画意：笋举重去访名山，枫叶不红绿未斑。自把瑶琴傍溪树，乘风一奏白云间。

款识："笋举重去访名山，枫叶不红绿未斑。自把瑶琴傍溪树，乘风一奏白云间。钟文贞女史句。乙未秋八月仿新罗山人本。清溪樵子钱慧安作于双管楼"。

钤印："钱慧安"。

图五十七《游太湖》

钱慧安（1833—1911）作。

诗情画意：闲拨船行寻旧池，幽情往事复谁知？太湖石上铸三字，十五年前陈结之。

款识："闲拨船行寻旧池，幽情往事复谁知？太湖石上铸三字，十五年前陈结之。清溪樵子钱慧安"。

钤印："钱慧安"。

图五十八《唐王维〈竹里馆〉诗意》

溥伒作于1961年（辛丑）。

诗情画意：独坐幽篁里，弹琴复长啸。深林人不知，明月来相照。

款识："独坐幽篁里，弹琴复长啸。深林人不知，明月来相照。写王维诗意辛丑秋杪溥伒"。

钤印："一心一曰"。

七、仕女多愁善感

古时的仕女都是富贵人家的妇女，扇画里描写的仕女大多是十几二十多岁的美人，她们或单身待嫁，或已嫁人相夫教子，过着"三从四德"、贤妻良母的生活，她们的心思细腻，感情丰富但脆弱，内心世界容易受外界环境的影响，因而多愁善感。画家能如实地把她们的生活状态描写出来，是件很不容易的事情。

图五十九《春貌》

陈枚（清雍正、乾隆年间）作于1796年（丙辰）。

诗情画意：从来几许如春貌，南家歌歇北家愁。

款识："从来几许如春貌，南家歌歇北家愁。丙辰二月载东陈枚写"。

钤印："陈枚之印""殿伦"。

图六十《望燕》

余集（1738—1823）作于1811年（辛未）。

诗情画意：西冷冷，春寂寂，解春起事美人心。

款识："西冷冷，春寂寂，解春起事美人心。辛未二月秋室余集写"。

钤印："余集"。

图六十一《相思》

焦秉贞（生卒年不详）作于1724年（甲辰）。

诗情画意：春华秋实何时了，清夜月高窗影斜。

款识："甲辰年立春后二日写于八田云小轩之南窗。焦秉贞"。

钤印："尔正"。

图六十二《唐李群玉诗意》

王素（1794—1877）作于1852年（壬子）。

诗情画意：少将风月怨平湖，见尽扶桑水倒枯。

款识："少将风月怨平湖，见尽扶桑水倒枯。壬子夏四月上浣邗上小某王素"。

钤印："王素"。

图六十三《元王恽诗意》

费丹旭（1801—1850）作。

诗情画意：翠敛双蛾底事愁，不缘春去落花稠。归鞍未得朝天信，望断东风燕子楼。

款识："翠敛双蛾底事愁，不缘春去落花稠。归鞍未得朝天信，望断东风燕子楼。晓楼费丹旭"。

钤印："费丹旭"。

图六十四《盼郎归》

钱慧安（1833—1911）作于1896年（丙申）。

诗情画意：林间暖酒烧红叶，一枝红杏出墙来。

款识："曾见仇十洲有此本。丙申岁六月清溪樵子钱慧安挥汗之作也"。

钤印："吉生"。

图六十五《比颜值》

胡锡珪（1839—1883）作于1876年（丙子）。

诗情画意：折得花枝向宝镜，比妾颜色谁光辉。

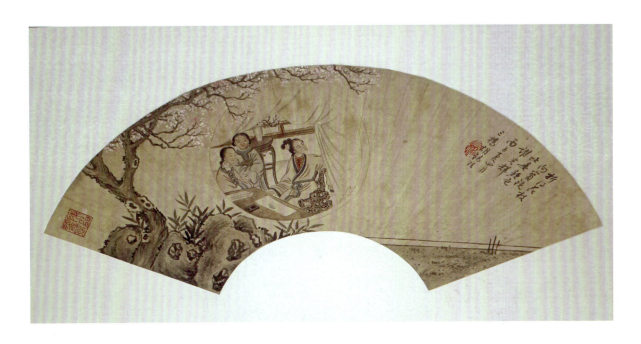

款识："折得花枝向宝镜，比妾颜色谁光辉。丙子夏四月三桥胡锡珪"。

钤印："三桥"。

图六十六《读书》

潘振镛（1852—1921）作于1891年（辛卯）。

诗情画意：春风吹到读书窗，愿读人间未见书。

款识："辛卯嘉平月既望写奉敬堂仁兄先生大雅正之。潘振镛"。

钤印："潘振镛印"。

图六十七《明无名诗意》

潘振镛（1852—1921）作于1905年（乙巳）。

诗情画意：独立徘徊意如何，羊车声已过崞坡。黄金屋里春风面，不及芭蕉雨露多。

款识："独立徘徊意如何，羊车声已过崞坡。黄金屋里春风面，不及芭蕉雨露多。乙巳年仲春上浣久壶琴主潘振镛"。

钤印："潘振镛"。

图六十八《读书》

郑文焯（1856—1918）作于1903年（癸卯）。

诗情画意：曾读杜甫佳人篇，清人今向画图传。练裙缟袂春风里，不减花神并水仙。牵萝补屋居出谷，日暮依然倚修竹。

款识："曾读杜甫佳人篇，清人今向画图传。练裙缟袂春风里，不减花神并水仙。牵萝补屋居出谷，日暮依然倚修竹。癸卯年夏郑文焯"。

钤印："郑文焯"。

图六十九《吹玉笛》

冯超然（1882—1954）作于1944年（甲申）。

诗情画意：木犀香满蕊芳枝，金粉楼台梦到迟。底事夜深吹玉笛，秋晴侬已细如丝。

款识："木犀香满蕊芳枝，金粉楼台梦到迟。底事夜深吹玉笛，秋晴侬已细如丝。甲申岁晋陵冯超然"。

钤印："冯超然"。

图七十《娇妍》

梅兰芳（1894—1961）作于1945年（乙酉）。

诗情画意：莫道娇无力，腰肢瘦益妍。空阶人独立，残月晓风前。

款识："莫道娇无力，腰肢瘦益妍。空阶人独立，残月晓风前。乙酉新秋梅兰芳画"。

钤印："梅兰芳"。

图七十一《元杨维桢诗意》

徐操（1899—1961）作于1945年（乙酉）。

诗情画意：髻云浅露月牙弯，独立西风气自闲。书破绿蕉双凤尾，不随红叶到人间。

款识："髻云浅露月牙弯，独立西风气自闲。书破绿蕉双凤尾，不随红叶到人间。乙酉秋徐操写"。

钤印："徐操"。

图七十二《倾城美女》

郑慕康（1901—1982）作于1954年（甲午）。

诗情画意：欲呼回首不知名，背立东风几许情。莫道画师无不见，倾城谁见画难成。

款识："欲呼回首不知名，背立东风几许情。莫道画师无不见，倾城谁见画难成。甲午秋月郑慕康"。

钤印："郑慕康"。

图七十三《摘荷花》

郑慕康（1901—1982）作于1963年（癸卯）。

诗情画意：横塘西头春水生，荷花落日照人明。

款识："横塘西头春水生，荷花落日照人明。癸卯岁夏鸥波先生正之。郑慕康写于海上"。

钤印："郑慕康"。

图七十四《扑蝶》

陈小翠（1907—1968）作于1953年（癸巳）。

诗情画意：晴风暖翠蝴蝶飞，美女挥扇把蝶追。静林幽香得天趣，鸟语花香日春晖。

款识："扑蝶图。癸巳年秋杪陈小翠画"。

钤印："陈小翠"。

图七十五《双美》

吴光宇（1908—1970）作于1942年（甲午）。

诗情画意：双美逍遥天地间，画中佳人征福仙。

款识："双美图。甲午岁冬月吴光宇写"。

钤印："吴光宇"。

图七十六《柳溪泛舟》

陈少梅（1909—1954）作于1943年（癸未）。

诗情画意：半潭秋水一房山，风约柳香入画船。

款识："柳溪泛舟。癸未三月少梅陈云彰"。

钤印："少梅"。

图七十七《秋江》

韩伍（1936—　　）作于2007年（丁亥）。

诗情画意：昔年看京剧《秋江》，今画艄公和妙常。

款识："昔年曾观叶盛章演出，今忆写一帧。丁亥年之小春，韩伍于海上天钥桥畔"。

钤印："韩伍"。

图七十八《拾玉镯》

韩伍（1936—　　　）作于2007年（丁亥）。

诗情画意：玉镯傅朋故意丢，玉姣有意拾玉镯。傅朋玉姣爱情事，撮合全靠刘媒婆。

款识："丁亥年之小春月。拾玉镯，京剧传统折子。韩伍于海上天钥桥畔"。

钤印："韩伍"。

图七十九《梅林赏竹》

包栋（？—1866）作于1865年（乙丑）。

诗情画意：有闲逛梅林，赏竹想郎君。赶考传捷报，喜事暖妻心。

款识："乙丑春二月仿六如居士本作。子梁包栋画"。

钤印："子梁"。

八、家庭其乐融融

古时候的家庭是社会生产生活的基层单位，是古人传宗接代的场所。在家庭里，男主外，出门做事挣钱养家；女主内，相夫教子管家。这种生产生活方式延续至今，几乎没怎么改变。

古人重视家庭的功能和作用。三代同堂，四代同堂，甚至还有五代同堂，一家人和睦相处，生养不息，代代相承，构建了一个个和谐的家庭，促进了社会的发展和进步。

图八十《母子消夏》

刘彦冲（1809—1847）作于1844年（甲辰）。

诗情画意：母子同处一张床，母持执扇有风凉。儿摸西瓜欲求吃，夏日消暑还靠娘。

款识："甲辰夏四月拟唐子畏画法以本。静怡先生正之。彦冲刘泳"。

钤印："彦冲"。

图八十一《柳荫消夏》

郑慕康（1901—1982）作于1950年（庚寅）。

诗情画意：夏日炎炎似火烧，河旁柳荫消暑好。孩儿端茶赐父母，家人团聚乐陶陶。

款识："柳荫消夏。庚寅夏四月慕康郑师玄"。

铃印："郑师玄"。

图八十二《老爷拾堕枝》

钱慧安（1833—1911）作。

诗情画意：梅出疏篱柳拂池，流年已近早春时。壮心卓荦犹欺酒，老叶呻吟未废诗。眼暗观书如棘沥，齿疏最似饲风炉。欲试苍鹰爪，自向林间拾堕枝。

款识："梅出疏篱柳拂池，流年已近早春时。壮心卓荦犹欺酒，老叶呻吟未废诗。眼暗观书如棘沥，齿疏最似饲风炉。欲试苍鹰爪，自向林间拾堕枝。清溪樵子钱慧安"。

铃印："钱慧安"。

图八十三《疼爱》

钱慧安（1833—1911）作于1893年（癸巳）。

诗情画意：不道春来添几线，日长只兴睡相宜。

款识："不道春来添几线，日长只兴睡相宜。癸巳夏四月清溪樵子钱慧安"。

钤印："慧安"。

图八十四《教子》

钱慧安（1833—1911）作于1895年（乙未）。

诗情画意：秋林雨露父教子，人欲得道去恶意。春风吹到读书窗，面对十年图破壁。

款识："乙未秋日仿白阳笔，清溪樵子钱慧安作于双管楼"。

钤印："钱慧安"。

图八十五《送子过河》

陈崇光（1839—1896）作于1873年（癸酉）。

诗情画意：情深义重送子过河，望子成龙意在彼岸。

款识："癸酉秋九月既望若木陈崇光写并记"。

钤印："若木"。

图八十六《洗刷》

李育（1843—1905）作于1905年（乙巳）。

诗情画意：碧云天，荷塘边，村妇洗刷鹅蛋。日照明，梧桐景，想念不如见面。

款识："乙巳夏四月上浣拟唐子畏笔法某生李育写"。

钤印："某生"。

图八十七《父子钓鱼》

倪田（1853—1919）作于1885年（乙酉）。

诗情画意：春华秋实赏花钓鱼，花开富贵美意延年。

款识："乙酉秋杪邗上倪田墨耕写"。

钤印："倪田"。

图八十八《唐孟郊诗意》

沈心海（1855—1941）作。

诗情画意：慈母手中线，游子身上衣。临行密密缝，意恐迟迟归。谁言寸草心，报答三春晖。

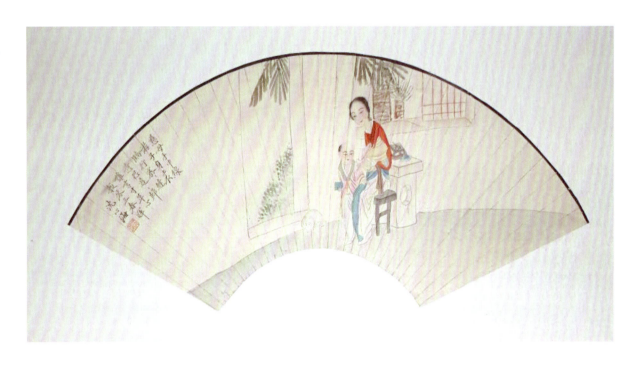

款识："慈母手中线，游子身上衣。临行密密缝，意恐迟迟归。谁言寸草心，报答三春晖。沈心海"。

钤印："沈心海"。

图八十九《王氏爱子》

沈心海（1855—1941）作于1895年（乙未）。

诗情画意：庭前王氏子，陌上卫家郎。弱草身眠软，芳英手弄香。随人贪作剧，避伴学迷藏。

款识："庭前王氏子，陌上卫家郎。弱草身眠软，芳英手弄香。随人贪作剧，避伴学迷藏。乙未冬月沈心海"。

钤印："沈心海"。

图九十《诗家生意》

程璋（1869—1938）作。

诗情画意：幽人去泛五湖船，湖上青山隔暮烟。红树白频（蘋）秋满目，诗家生意向无边。

款识："幽人去泛五湖船，湖上青山隔暮烟。红树白频（蘋）秋满目，诗家生意向无边。瑶笙程璋"。

钤印："程璋"。

图九十一《秋寒》

程璋（1869—1938）作于1928年（戊辰）。

诗情画意：近水晚愈碧，远山秋未黄。夕阳寒满地，松影落衣裳。

款识："近水晚愈碧，远山秋未黄。夕阳寒满地，松影落衣裳。戊辰年新安瑶笙程璋"。

钤印："程璋"。

图九十二《识书就日》

郑集宾（1890—1965）作于1955年（乙未）。

诗情画意：不识五车书就日，却须林叶几番黄。

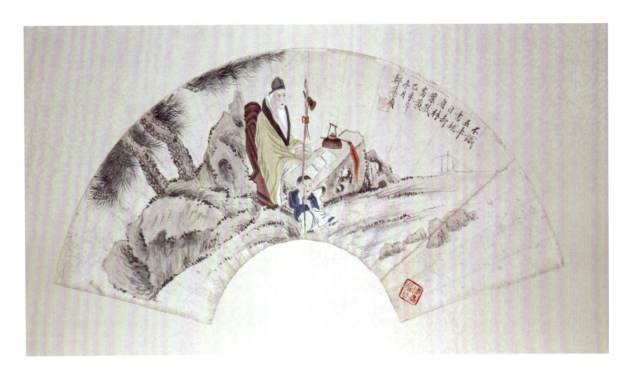

款识："不识五车书就日，却须林叶几番黄。乙未年冬月郑集宾"。

钤印："集宾颐寿"。

图九十三《唐孟郊〈游子吟〉诗意》

邓芬（1894—1964）作于1948年（戊子）。

诗情画意：慈母手中线，游子身上衣。临行密密缝，意恐迟迟归。谁言寸草心，报答三春晖。

款识："慈母手中线，游子身上衣。临行密密缝，意恐迟迟归。谁言寸草心，报答三春晖。戊子岁桂月邓芬作"。

钤印："邓芬"。

九、学习高手画人

　　这一章专门把徐悲鸿推崇的画人高手"四任一吴"（任熊、任薰、任预、任颐、吴友如）以及程十发的人物扇画展开鉴赏，从中学习他们画人物画的高明之处，提高自己的鉴赏能力。

图九十四《学艺》

　　任熊（1820—1857）作于1853年（癸丑）。

　　诗情画意：打猎归来走街市，偶见酒翁晒手艺。酒穿一孔进葫芦，箭客顿悟堪称奇。

　　任熊这幅画妙在不配诗就明白其画意，且进一步让看画人联想到此时箭客的心思是希望自己的箭射得更准，打猎能够有所斩获。

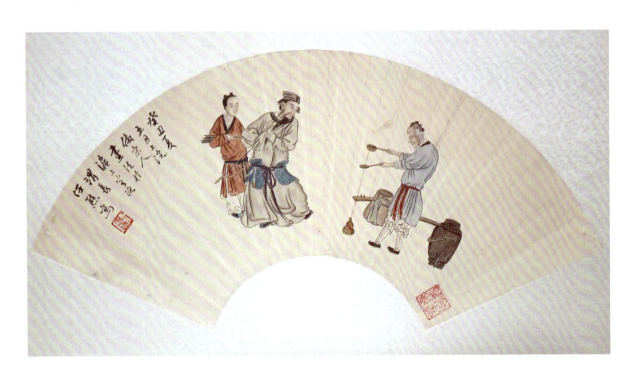

　　款识："癸丑夏五月上浣仿宋人画法于沪上客次渭长任熊写"。

　　钤印："渭长"。

图九十五《玩球》

任薰（1835—1893）作于1872年（壬申）。

诗情画意：三童玩球心地宽，另有儿童站旁边。你踢我抛不争抢，儿时玩耍须尽欢。

任薰这幅画描绘出儿童在玩球时的各种姿势，非常生动活泼。

款识："壬申秋九月上浣仿宋人画本。阜长任薰写于吴门"。

钤印："任薰"。

图九十六《老夫少妻》

任薰（1835—1893）作于1877年（丁丑）。

诗情画意：夫妻恩爱在一起，两面相对宵不寐。你言我语商家事，夫妻相处和为贵。

任薰这幅画描绘了老夫少妻和睦相处的情景，一目了然。

款识："丁丑年萧山任薰阜长写于怡受轩"。

钤印："任薰"。

图九十七《柳圻调马》

任预（1853—1901）作于1875年（乙亥）。

诗情画意：江上清风山间柳下，马倌山旁石边调马。马烈人壮拉住缰绳，志在千里奔驰远方。

任预这幅画中，不但马倌和马的造型描绘得比较准确，而且在调马时，马倌和马的姿势描绘得也比较一致，一幅柳圻调马的情景生动地呈现在我们眼前。

款识："柳圻调马。乙亥秋杪立凡任预写"。

钤印："任预"。

图九十八《松荫对弈》

任预（1853—1901）作于1883年（癸未）。

诗情画意：重阳时节暑未消，松荫底下穿战袍。你放炮来我走马，老者暗赞棋艺高。

任预这幅画描绘的是对弈，是平时下棋时常有的情景。观赏这幅画时自然会产生共鸣，发生兴趣。

款识："松荫对奕（弈）。癸未重九前一日立凡任预写"。

钤印："任预印"。

图九十九《同乐》

任颐（1840—1896）作于1883年（癸未）。

诗情画意：春意盎然，长老同乐。我吹你弹，悠然自得。

任颐这幅画堪称绝妙，两位老者在同乐的情景一目了然，仿佛还能听见画里的乐声，而且绘画技巧很高，两位老者不但姿势造型准确，脸部和手指也画得很细致，这在人物画里是出类拔萃的。

款识："癸未春三月上浣于沪上山阴任颐伯年写"。

钤印："任颐之印"。

图一〇〇《桐荫赏月》

吴友如（1840—1893）作于1882年（壬午）。

诗情画意：正月十五月儿圆，家人赏月聚庭院。少年钓鱼刚回来，母嘱孩儿更衣衫。

吴友如画的这三个人物，姿势造型准确，赏月过程中人物的表情神态等符合当时的情景，这是一幅精品人物画。

款识："桐荫赏月。壬午春正月友如吴猷写"。

钤印："友如"。

图一〇一《牧羊姑娘》

程十发（1921—2007）作于1991年（辛未）。

诗情画意：壮族姑娘，羊年牧羊。一边干活，一边看羊。

程十发画羊闻名中外。所谓"徐悲鸿的马，黄胄的驴，李可染的牛，程十发的羊"是也。壮族姑娘也画得很漂亮，这幅画似乎也可以让看画人联想到：如果姑娘生肖属羊，一幅"三羊开泰"的画仿佛以另一种方式呈现在我们的面前。

款识："辛未至冬程十发画于三釜书屋"。

钤印："十发"。

以上六位画人物的高手，他们的绘画技巧，有一个共同处，就是画意表达得比较清楚，让人一看就比较明白。做到了这一点，画家画画的目的才能实现。看画或买画的人，特别是看人物画，如果不明其画意，那么这幅画存在的价值将会大打折扣。画人物画要想画出意思来，必须做到：画中人物在活动时姿势造型要准确；面部表情符合不同人物在活动时的不同身份；人物活动的场景也要交代得简单明了，符合人物活动经营的要求。

历史进入了新时代，现在画古人画的画家越来越少了，再画古人画，似乎不合时宜，让我们珍惜并保护好现在传世的古人画吧！

后　记

　　本书写到这里，有几件事，我还想说一说。

　　一是这本书只关注扇画里古人的生活状态咋样，关注画里的人画得怎样，即是否能把画中人物的姿势和神态描绘得恰当，让看画人能看出这幅画里的名堂，把画家要表达的意思看出来，因而没有详细介绍画家的生平和艺术特点。其实，谁画得好，于已故画家而言，早有定论；于尚健在的画家，也有公论。为了保护国家文化遗产，加强管理；又根据国内存量，避免出现空白，二〇〇一年，国家文物局颁发了《一九四九年后已故著名书画家作品限制出境的鉴定标准》和《一七九五到一九四九年间著名书画家作品限制出境鉴定标准》（以下简称《标准》），将一七九五到一九四九年间和一九四九年后（已故）著名书画家的作品分为三类，规定了限制出境的范围。本书收录的画家有五十四位，作品一百零一幅，根据《标准》，其中：属于第一类，作品一律不准出境者有五人：任熊（渭长）、刘彦冲（泳之）、余集（秋室）、改琦（七芗）、费丹旭（晓楼）；属于第二类，作品原则上不准出境者有四人：任颐（伯年）、刘奎龄、陈云彰（少梅）、溥儒（心畬）；属于第三类，精品和各时期代表作品不准出境者有十九人：王素（小梅）、任预（立凡）、任薰（阜长）、沙馥（山春）、李育（梅生）、苏六朋（枕琴）、胡锡珪（三桥）、倪田（墨耕）、钱慧安（吉生）、顾洛（西梅）、黄山寿（旭初）、黄均（毂原）、程璋（瑶笙）、冯迥（超然）、刘凌沧、吴显曾（光宇）、徐操、溥佺、溥忻。

　　书中其他画家的作品也是不错的。作品好，才会被世人珍惜，才能传世，让后人欣赏受益。

　　二是书里的人物扇画作品，有些作品有诗配画，有些没有。为此，我在画外配上了诗，由于本人诗才一般，画意悟性也差，只能算是配上了一些顺口溜在上面，也不一定合适，贻笑大方啦！

三是刘鹤翘老首长和徐德志老领导对本书的出版非常关心与支持，我在此向他们表示感谢；同时，我对在编著本书时用到的参考资料的作者以及为此书出版付出辛勤劳动的朋友们表示衷心的感谢。

编者
二○二○年十月二十四日于广州陈磊鉴藏馆

参考资料

1.《中国画的艺术》 徐悲鸿著 马小起编

2.《名家鉴画探要》 薛水年主编

3.《中国书画故事》 燕南主编

4.《读懂大师》 谢先莹主编

5.《名人字画》 王冬梅主编

6.《书画辨伪二十讲》 史树青主编

7.《中国书画家印鉴款识》 上海博物馆编

8.《近现代书画家款印综汇》 庐辅圣主编

9.《书画家印款字典》 马宝杰、罗春政编著

10.《简明中国画辞典》 路矧主编

11.《二十世纪中国书画家印款小辞典》 倪文东、郭方安编著